LANGENSCHEIDTS VERB-TABELLEN ENGLISCH

BEARBEITET VON DER

LANGENSCHEIDT-REDAKTION

LANGENSCHEIDT

BERLIN · MÜNCHEN · WIEN · ZÜRICH · NEW YORK

Inhaltsverzeichnis

In der Konjugationsübersicht bedeutet das Zeichen:
(+)=bejahend (−)=verneinend (?)=fragend (?)(−)=fragend verneinend.

Auflage: 20. 19. 18. 17. | *Letzte Zahlen*
Jahr: 1998 97 96 | *maßgeblich*

Druck: Druckhaus Langenscheidt, Berlin-Schöneberg
Printed in Germany · ISBN 3-468-34120-2

I. Allgemeines

1. ÜBERSICHT ÜBER DEN VERBBESTAND

Man unterscheidet im Englischen nach —

a) der **Funktion** im Satz: **Vollverben** und **Hilfsverben;**

b) der **Konjugation:** **starke** und **schwache Verben,** **regelmäßige** und **unregelmäßige Verben;**

c) dem **Formenbestand:** **vollständige** und **unvollständige Hilfsverben.**

Vollverben		Beispiel	Bildung des **Past** und des **Past Participle**	
schwach	**regelmäßig**	*to look* [u] *looked* [u] *looked* [u]	auf **-ed**	**ohne** oder **mit Veränderung des Stammvokals**
	unregelmäßig	*to build* [i] *built* [i] *built* [i]	auf **-t**	
		to hear [iə] *heard* [əː] *heard* [əː] *to tell* [e] *told* [əu] *told* [əu]	auf **-d**	
stark		*to give* [i] *gave* [ei] *given* [i]		durch **Veränderung des Stammvokals**
Hilfsverben		Beispiel	**Formenbestand**	
vollständig		*to be*	bilden **alle Verbformen**	
unvollständig		*can*	bilden **keine zusammengesetzten Zeiten, keinen Infinitiv, kein Partizip und Gerundium;** ihnen folgt der **Infinitiv ohne to**	

2. DIE VERBFORMEN UND ERKLÄRUNG DER TEMPORABEZEICHNUNGEN

a) DIE ZEITFORMEN

(Tempora, Singular: Tempus)

Present	Präsens	Gegenwart
Past	Präteritum	Vergangenheit
Present Perfect	Perfekt	Vorgegenwart
Past Perfect	Plusquamperfekt	Vorvergangenheit
Future	1. Futur	Zukunft
Future Perfect	2. Futur	Vorzukunft
Present Conditional, Future in the Past	1. Konditional	1. Bedingungsform
Perfect Conditional, Future Perfect in the Past	2. Konditional	2. Bedingungsform

Nach der **Bildungsweise** unterscheidet man:

Einfache Zeiten	**Zusammengesetzte Zeiten**
Present	alle Zeiten des Aktivs außer Present und Past,
Past	alle Zeiten des Passivs

Nach dem **Zeitbezug** unterscheidet man:

Zeiten der Gegenwart	**Zeiten der Vergangenheit**
Present	Past
Present Perfect	Past Perfect
Future	Present Conditional
Future Perfect	Perfect Conditional

b) DIE UNBESTIMMTEN (INFINITEN) VERBFORMEN

Infinitive	Infinitiv	Nennform
Participle	Partizip	Mittelwort
Gerund	Gerundium	

c) DIE ZUSTANDSFORMEN

(Genera verbi, Singular: Genus verbi)

Active	Aktiv	Tätigkeitsform
Passive	Passiv	Leideform

d) DIE AUSSAGEWEISEN

(Modi, Singular: Modus)

Indicative	Indikativ	Wirklichkeitsform
Subjunctive	Konjunktiv	Möglichkeitsform
Imperative	Imperativ	Befehlsform

e) DIE ASPEKTE

Simple Form	Einfache Form	
Continuous Form	Progressive Form	Verlaufsform

3. DER GEBRAUCH DER ZEITEN

Das **Present** bezeichnet einmalige oder immer wiederkehrende Handlungen oder Zustände, die an keine bestimmte Zeit gebunden sind:

He always has a cup of coffee after dinner.	Nach dem Essen trinkt er immer eine Tasse Kaffee.
He knows what to say.	Er weiß (immer), was er sagen soll.
The sun sets in the west.	Die Sonne geht (immer) im Westen unter.

(Soll eine gegenwärtige Handlung in ihrem Verlauf ausgedrückt werden, so steht die *Present Continuous* Form, s. s. 6)

Das **Present** steht **statt** des **Future**, wenn der Satz eine Zeitangabe enthält, die auf die Zukunft hinweist:

He returns tomorrow.	Er kommt morgen zurück.
We start next week.	Wir fahren nächste Woche los.

Das **Present** steht **in zeitlichen** und **bedingenden Nebensätzen:**

When / *If* } *he comes we'll tell him.*	Wenn / Falls } er kommt, werden wir es ihm sagen.

Das **Past** drückt einen Vorgang aus, der abgeschlossen in der Vergangenheit liegt. Im Deutschen steht statt dessen häufig das Perfekt:

We met him yesterday.	Wir haben ihn gestern getroffen.

Das **Present Perfect** drückt einen Vorgang aus, der in der Vergangenheit begann und in der Gegenwart andauert oder im Bewußtsein des Sprechenden in Beziehung zur Gegenwart steht:

How long have you been here?	Wie lange sind Sie (schon) hier?
I have read the book and think it is not too good.	Ich habe das Buch gelesen und finde es nicht besonders gut.

Das **Past Perfect** steht für Vorgänge, die vor anderen, im **Past** ausgedrückten Vorgängen liegen:

I had read the book before I saw the film.	Bevor ich mir den Film ansah, hatte ich das Buch gelesen.
He had shut the windows before he left the house.	Er hatte die Fenster geschlossen, bevor er das Haus verließ.

Das **Future** drückt zukünftige Vorgänge aus:

I hope we'll be there in time.	Hoffentlich sind wir rechtzeitig dort.

Statt des Future steht in bestimmten Fällen das *Present* (s. S. 5), die *Present Continuous Form* (s. u.) oder *to be going to.*

4. DIE CONTINUOUS FORM

Die *Continuous Form* (Verlaufsform) bezeichnet einen **Vorgang in seinem Verlauf,** während die entsprechende *Simple Form* nur die Tatsache, daß etwas vor sich geht (ging, gehen wird usw.), bezeichnet:

Simple Form	**Continuous Form**
He goes to school. Er geht (immer, regelmäßig) zur Schule = Er ist Schüler.	*He is going to school.* Er geht (gerade eben) zur Schule = Er ist auf dem Schulweg.

Die *Continuous Form* bezeichnet eine **Handlung,** die noch **im Verlauf** begriffen ist, während eine **zweite Handlung einsetzt:**

I was reading a book when I suddenly heard a noise.

Die *Continuous Form* bezeichnet die **Gleichzeitigkeit zweier** nebeneinander verlaufender **Handlungen:**

I was writing while my brother was reading a book.

Die **Present** *Continuous Form* oder die Umschreibung mit **to be going to** drückt aus, daß etwas **beabsichtigt** ist oder **in naher Zukunft** geschehen wird.

He is going to London this week.	Er fährt (noch) in dieser Woche nach London.
He is going to buy a new car.	Er ist im Begriff, ein neues Auto zu kaufen.

Die **Continuous Form** steht **nicht** —

bei **ständig wiederholten Handlungen:** *I always get up at seven o'clock;*
bei Zuständen **unbegrenzter Dauer:** *London is the capital of England;*
bei **Verben, deren Bedeutung** schon die **Dauer einschließt:** *We hope for better times.* Solche Verben sind u. a. *to know* wissen, *to hope* hoffen, *to feel* fühlen, *to fear* fürchten, *to seem* scheinen, den Anschein haben, *to understand* verstehen, *to like* gern mögen, *to love* lieben, *to belong to* gehören, *to possess* besitzen, *to consist of* bestehen aus.

5. DIE ZEITENFOLGE

Für die Zeitenfolge ist die Unterscheidung von Zeiten der Gegenwart und Zeiten der Vergangenheit wichtig (s. S. 4).

Steht im **übergeordneten Satz** eine **Zeit der Gegenwart,** so steht im abhängigen Satz die Zeit, die in der direkten Rede stehen würde:

He says: "I arrived yesterday."	*He says (that) he arrived yesterday.*

Steht im **übergeordneten Satz** eine **Zeit der Vergangenheit,** so steht im abhängigen Satz die entsprechende Zeit der Vergangenheit:

He said: "I see him often."	*He said (that) he saw him often.*
He said: "I saw him last week."	*He said (that) he had seen him last week.*
He said: "I have been in London for three days."	*He said (that) he had been in London for three days.*
He said: "I will return soon."	*He said (that) he would return soon.*

6. VOLLFORM : KURZFORM

Die in den Konjugationsübersichten aufgeführten Kurzformen werden im allgemeinen in der gesprochenen Sprache bevorzugt. In der geschriebenen Sprache verwendet man die Vollformen. Beispiele:

Geschrieben	**Gesprochen**
He cannot	*He can't*
He would not	*He wouldn't* oder *He'd not*
He has not	*He hasn't* oder *He's not*

Bei der schriftlichen Wiedergabe der direkten Rede werden ebenfalls die Kurzformen verwendet.

7. FRAGE UND VERNEINUNG

Frage und **Verneinung mit „not"** im **Present** und **Past** der Vollverben werden mit **to do** gebildet:

Frage: *Do you drive?*	Verneinung: *I do not drive.*
Did he drive?	*He did not drive.*

Keine Umschreibung mit *to do* erfolgt, wenn —

das **Prädikat** ein **Hilfsverb** enthält (also auch bei allen zusammengesetzten Zeiten): *Have you driven? — He has not driven. — Can he drive?;*

„not" sich nicht auf den ganzen Satz, sondern **nur auf ein Wort bezieht:** *Is he clever? — I think not.;*

in nicht mit *„not"* verneinten Fragesätzen das **Fragewort Subjekt** oder **Attribut des Subjekts** ist: *Who got the book? — Whose book lies on the table? — Which book lies on the table?*

8. BESONDERHEITEN IN AUSSPRACHE UND SCHREIBUNG

a) Endung -s

in der 3. Person Singular Present

Die Endung *-s* wird gesprochen:

nach stimmlosen Konsonanten **stimmlos** [-s];
nach stimmhaften Konsonanten und Vokalen **stimmhaft** [-z]:

to get	[get]	*to run*	[rʌn]	*to see*	[siː]
he gets	[gets]	*he runs*	[rʌnz]	*he sees*	[siːz]

Verben, die auf einen **Zischlaut** ([s], [z], [(t)ʃ], [(d)ʒ]) enden, bilden die 3. Person Singular Present auf **-es** [-iz]:

to hiss	[his]	*to box*	[bɔks]	*to rise*	[raiz]
he hisses	[ˈhisiz]	*he boxes*	[ˈbɔksiz]	*he rises*	[ˈraiziz]
to wish	[wiʃ]	*to catch*	[kætʃ]		
he wishes	[ˈwiʃiz]	*he catches*	[ˈkætʃiz]		

Auch ein **stummes End-e** des Infinitivs wird in der Endung **-es** als [i] hörbar:

to judge [dʒʌdʒ]
he judges [ˈdʒʌdʒiz]

Verben, die auf **-o** enden, bilden die 3. Person Singular Present ebenfalls auf **-es**; Aussprache [-z]:

to go [gəu]
he goes [gəuz]

Verben, die auf **Konsonant** + **-y** enden, verwandeln das **-y** in **-i** und bilden die 3. Person Singular Present auf **-es** [-z]:

to carry [ˈkæri]
he carries [ˈkæriz]
Aber **-y nach Vokal** bleibt erhalten:
to play [plei]
he plays [pleiz]

b) Endung -ed

im Past und Past Participle

Die Endung *-ed* wird gesprochen:

nach stimmlosen Konsonanten **stimmlos** [-t];
nach stimmhaften Konsonanten und Vokalen **stimmhaft** [-d];
nach **-d** und **-t silbisch** [-id]:

to look	[luk]	*to gain*	[gein]	*to show*	[ʃəu]
he looked	[lukt]	*he gained*	[geind]	*he showed*	[ʃəud]
to add	[æd]	*to fit*	[fit]		
he added	[ˈædid]	*it fitted*	[ˈfitid]		

Verben, die auf **Konsonant** + **-y** enden, verwandeln das **-y vor -ed** zu **i-:**

to cry	[krai]
he cried	[kraid]

Aber **-y nach Vokal bleibt** erhalten:

to play	[plei]
he played	[pleid]

Verben, die auf **stummes -e** enden, bilden Past und Past Participle durch Anhängen von **-d** statt *-ed:*

to move	[muːv]
he moved	[muːvd]

Endkonsonanten werden **vor -ed verdoppelt,** wenn sie in betonter Silbe stehen und auf einen einfach geschriebenen Vokal folgen:

to stop	[stɔp]	Aber:	*to look*	[luk]	(Vokal durch 2 Buchstaben
he stopped	[stɔpt]		*he looked*	[lukt]	wiedergegeben!)
to prefer	[priˈfəː*]	Aber:	*to enter*	[ˈentə*]	(Vokal in unbetonter Silbe!)
he preferred	[priˈfəːd]		*he entered*	[ˈentəd]	

Ein **-l** am Wortende, das auf einen kurzen Vokal folgt, wird auch in unbetonter Silbe **vor -ed verdoppelt:**

to travel	[ˈtrævl]
he travelled	[ˈtrævld]

c) Endung -ing

im Present Participle und Gerund

In Verben, die auf **-ie** enden, wird **-ie vor -ing zu -y:**

to lie	[lai]
lying	[ˈlaiiŋ]

Verben, die auf ein **stummes -e** enden, werfen dieses *-e* **vor -ing** ab:

to move	[muːv]
moving	[ˈmuːviŋ]

Endkonsonanten werden **vor -ing verdoppelt,** wenn sie in betonter Silbe stehen und auf einen einfach geschriebenen Vokal folgen:

to stop	[stɔp]	Aber:	*to look*	[luk]	(Vokal durch 2 Buchstaben
stopping	[ˈstɔpiŋ]		*looking*	[ˈlukiŋ]	wiedergegeben!)
to prefer	[priˈfəː*]	Aber:	*to enter*	[ˈentə*]	(Vokal in unbetonter
preferring	[priˈfəːriŋ]		*entering*	[ˈentəriŋ]	Silbe!)

Ein **-l** am Wortende, das auf einen kurzen Vokal folgt, wird auch in unbetonter Silbe **vor -ing verdoppelt:**

to travel	[ˈtrævl]
travelling	[ˈtrævliŋ]

II. Vollverben

1. SIMPLE FORMS

a) ACTIVE

	Present	Past	Perfect
Infinitive	**to drive** *fahren*		**to have driven** *gefahren sein*
Participle	**driving** *fahrend*	**driven** *gefahren*	**having driven** *gefahren seiend*
Gerund	**driving** *(das) Fahren*		**having driven** *(das) Gefahrensein*

Imperative	
bejahend	**drive** *fahre / fahrt / fahren Sie!*
betont	**do drive** *fahre / fahrt / fahren Sie doch!*
verneinend	**do not drive** **don't drive** *fahre / fahrt / fahren Sie nicht!*

Present

⊕ *ich fahre*

I you	**drive**
he she it	drives
we you they	drive

⊖ *ich fahre nicht*

I you	**do**	**not drive**
he she it	does	
we you they	do	

I you	**don't**	**drive**
he she it	doesn't	
we you they	don't	

(?) *fahre ich?*

do	I you	**drive?**
does	he she it	
do	we you they	

(?)(–) *fahre ich nicht?*

do	I you	**not drive?**
does	he she it	
do	we you they	

don't	I you	**drive?**
doesn't	he she it	
don't	we you they	

Past

(+) *ich fuhr*

I you he she it we you they	**drove**

(–) *ich fuhr nicht*

I you he she it we you they	**did not drive**

I you he she it we you they	**didn't drive**

(?) *fuhr ich?*

did I drive?
usw.

(?)(–) *fuhr ich nicht?*

did I not drive?
usw.

didn't I drive?
usw.

Present Perfect

Present von *to have* + Past Participle

(+) *ich bin gefahren*

I you	**have**	**driven**
he she it	**has**	
we you they	have	

I've you've	driven
he's she's it's	
we've you've they've	

⊖ *ich bin nicht gefahren*

I you	have	not driven
he she it	has	
we you they	have	

I've you've	not driven
he's she's it's	
we've you've they've	

I you	haven't	driven
he she it	hasn't	
we you they	haven't	

? *bin ich gefahren?*

have I driven?
usw.

?⊖ *bin ich nicht gefahren?*

have I not driven?
usw.

haven't I driven?
usw.

Past Perfect

Past von *to have* + Past Participle

⊕ *ich war gefahren*

I you he she it we you they	**had**	**driven**

I'd you'd he'd she'd it'd we'd you'd they'd	driven

⊖ *ich war nicht gefahren*

I had not driven
usw.

I'd not driven
usw.

I hadn't driven
usw.

? *war ich gefahren?*

had I driven?
usw.

?⊖ *war ich nicht gefahren?*

had I not driven?
usw.

hadn't I driven?
usw.

Future

shall / will + Infinitive

⊕ *ich werde fahren*

I	**shall / will**	**drive**
you he she it	will	
we	shall / will	
you they	will	

I'll	drive
you'll he'll she'll it'll	
we'll	
you'll they'll	

⊖ *ich werde nicht fahren*

I	shall / will	not drive
you *usw.*	will	

I'll not drive
usw.

I	shan't / won't	drive
you he she it	won't	
we	shan't / won't	
you they	won't	

? *werde ich fahren?*

shall	I	drive?
will	you he she it	
shall	we	
will	you they	

? ⊖ *werde ich nicht fahren?*

shall	I	not drive?
will *usw.*	you	

shan't	I	drive?
won't *usw.*	you	

Future Perfect

shall / will + Perfect Infinitive

⊕ *ich werde gefahren sein*

I	**shall / will**	**have driven**
you he she it	will	
we	shall / will	
you they	will	

I'll have driven
usw.

⊖ *ich werde nicht gefahren sein*

I	shall / will	not have driven
you *usw.*	will	

I'll not have driven
usw.

I	shan't / won't	have driven
you *usw.*	won't	

? *werde ich gefahren sein?*

shall	I	have driven?
will *usw.*	you	

?⊖ *werde ich nicht gefahren sein?*

shall	I	not have driven?
will *usw.*	you	

shan't	I	have driven?
won't *usw.*	you	

Present Conditional — Future in the Past

should/would + Infinitive

⊕ *ich würde fahren*

I	**should/would**	**drive**
you he she it	would	
we	should/would	
you they	would	

I'd	drive
you'd he'd she'd it'd	
we'd	
you'd they'd	

⊖ *ich würde nicht fahren*

I	should/would	not drive
you *usw.*	would	

I'd not drive
usw.

I	shouldn't/wouldn't	drive
you he she it	wouldn't	
we	shouldn't/wouldn't	
you they	wouldn't	

? *würde ich fahren?*

should	I	drive?
would	you he she it	
should	we	
would	you they	

?⊖ *würde ich nicht fahren?*

should	I	not drive?
would *usw.*	you	

shouldn't	I	drive?
wouldn't *usw.*	you	

Perfect Conditional — Future Perfect in the Past

should/would + Perfect Infinitive

⊕ *ich würde gefahren sein = ich wäre gefahren*

I	**should/would**	**have driven**
you he she it	would	
we	should/would	
you they	would	

I'd have driven
usw.

⊖ *ich würde nicht gefahren sein =*
ich wäre nicht gefahren

I	should/would	not have driven
you *usw.*	would	

I'd not have driven
usw.

I	shouldn't/wouldn't	have driven
you *usw.*	wouldn't	

? *würde ich gefahren sein? =*
wäre ich gefahren?

should	I	have driven?
would *usw.*	you	

?⊖ *würde ich nicht gefahren sein? = wäre ich nicht gefahren?*

should	I	not have driven?
would *usw.*	you	

shouldn't	I	have driven?
wouldn't *usw.*	you	

b) PASSIVE

	Present	Past	Perfect
Infinitive	**to be driven** *gefahren werden*		**to have been driven** *gefahren worden sein*
Participle	**being driven** *gefahren werdend*	**driven** *gefahren*	**having been driven** *gefahren worden seiend*
Gerund	**being driven** *(das) Gefahrenwerden*		**having been driven** *(das) Gefahrenwordensein*

Present

Present von *to be* + Past Participle

⊕ *ich werde gefahren*

I	**am**	**driven**
you	are	
he she it	is	
we you they	are	

I'm	driven
you're	
he's she's it's	
we're you're they're	

⊖ *ich werde nicht gefahren*

I	am	not driven
you	are	
he she it	is	
we you they	are	

I'm	not driven
you're	
he's she's it's	
we're you're they're	

—	—	driven
you	aren't	
he she it	isn't	
we you they	aren't	

? *werde ich gefahren?*

am	I	driven?
are	you	
is	he	
usw.		

?— *werde ich nicht gefahren?*

am	I	not driven?
are	you	
is	he	
usw.		

aren't	I	driven?
	you	
isn't	he	
usw.		

Past

Past von *to be* + Past Participle

+ *ich wurde gefahren*

I	**was**	**driven**
you	were	
he she it	was	
we you they	were	

— *ich wurde nicht gefahren*

I	was	not driven
you	were	
he she it	was	
we you they	were	

I	wasn't	driven
you	weren't	
he she it	wasn't	
we you they	weren't	

? *wurde ich gefahren?*

was	I	driven?
were	you	
was	he	
usw.		

?— *wurde ich nicht gefahren?*

was	I	not driven?
were	you	
was	he	
usw.		

wasn't	I	driven?
weren't	you	
wasn't	he	
usw.		

Present Perfect

Present Perfect von *to be* + Past Participle

⊕ *ich bin gefahren worden*

I you	**have**	**been driven**
he she it	has	
we you they	have	

I've you've	been driven
he's she's it's	
we've you've they've	

⊖ *ich bin nicht gefahren worden*

I you	have	not been driven
he she it	has	
we you they	have	

I've you've	not been driven
he's she's it's	
we've you've they've	

I you	haven't	been driven
he she it	hasn't	
we you they	haven't	

? *bin ich gefahren worden?*

have	I you	been driven?
has *usw.*	he	

?– *bin ich nicht gefahren worden?*

have	I you	not been driven?
has *usw.*	he	

haven't	I you	been driven?
hasn't *usw.*	he	

Past Perfect

Past Perfect von *to be* + Past Participle

+ *ich war gefahren worden*

I you he she it we you they	**had been driven**

I'd you'd he'd she'd it'd we'd you'd they'd	been driven

– *ich war nicht gefahren worden*

I had not been driven
usw.

I'd not been driven
usw.

I hadn't been driven
usw.

? *war ich gefahren worden?*

had I been driven?
usw.

?– *war ich nicht gefahren worden?*

had I not been driven?
usw.

hadn't I been driven?
usw.

Future

shall/will + Infinitive Passive

⊕ *ich werde gefahren werden*

I	**shall/will**	**be driven**
you he she it	will	
we	shall/will	
you they	will	

I'll	be driven
you'll he'll she'll it'll	
we'll	
you'll they'll	

⊖ *ich werde nicht gefahren werden*

I	shall/will	not be driven
you *usw.*	will	

I'll	not be driven
you'll *usw.*	

I	shan't/won't	be driven
you *usw.*	won't	

? *werde ich gefahren werden?*

shall	I	be driven?
will *usw.*	you	

? ⊖ *werde ich nicht gefahren werden?*

shall	I	not be driven?
will *usw.*	you	

shan't	I	be driven?
won't *usw.*	you	

Future Perfect

shall / will + Perfect Infinitive Passive

⊕ *ich werde gefahren worden sein*

I	**shall / will**	**have been driven**
you he she it	will	
we	shall / will	
you they	will	

I'll	have been driven
you'll he'll she'll it'll	
we'll	
you'll they'll	

⊖ *ich werde nicht gefahren worden sein*

I	shall / will	not have been driven
you *usw.*	will	

I'll	not have been driven
you'll *usw.*	

I	shan't / won't	have been driven
you *usw.*	won't	

? *werde ich gefahren worden sein?*

shall	I	have been driven?
will *usw.*	you	

?⊖ *werde ich nicht gefahren worden sein?*

shall	I	not have been driven?
will *usw.*	you	

shan't	I	have been driven?
won't *usw.*	you	

Present Conditional — Future in the Past

should / would + Infinitive Passive

⊕ *ich würde gefahren werden*

I	**should / would**	**be driven**
you he she it	would	
we	should / would	
you they	would	

I'd	be driven
you'd he'd she'd it'd	
we'd	
you'd they'd	

⊖ *ich würde nicht gefahren werden*

I	should / would	not be driven
you *usw.*	would	

I'd	not be driven
you'd *usw.*	

I	shouldn't / wouldn't	be driven
you *usw.*	wouldn't	

(?) *würde ich gefahren werden?*

should	I	be driven?
would *usw.*	you	

(?)⊖ *würde ich nicht gefahren werden?*

should	I	not be driven?
would *usw.*	you	

shouldn't	I	be driven?
wouldn't *usw.*	you	

Perfect Conditional — Future Perfect in the Past

should/would + Perfect Infinitive Passive

⊕ *ich würde gefahren worden sein = ich wäre gefahren worden*

I	**should/would**	**have been driven**
you he she it	would	
we	should/would	
you they	would	

I'd	have been driven
you'd he'd she'd it'd	
we'd	
you'd they'd	

⊖ *ich würde nicht gefahren worden sein = ich wäre nicht gefahren worden*

I	should/would	not have been driven
you *usw.*	would	

I'd	not have been driven
you'd *usw.*	

I	shouldn't/wouldn't	have been driven
you *usw.*	wouldn't	

? *würde ich gefahren worden sein? = wäre ich gefahren worden?*

should	I	have been driven?
would *usw.*	you	

?⊖ *würde ich nicht gefahren worden sein? = wäre ich nicht gefahren worden?*

should	I	not have been driven?
would *usw.*	you	

shouldn't	I	have been driven?
wouldn't *usw.*	you	

2. CONTINUOUS FORMS

a) ACTIVE

	Present	Perfect
Infinitive	**to be driving** *fahren*	**to have been driving** *gefahren sein*
Imperative	**be driving** *fahre! / fahrt! / fahren Sie!*	

Present Continuous

Present von *to be* + Present Participle

⊕ *ich fahre*

I	**am**	**driving**
you	are	
he she it	is	
we you they	are	

I'm	driving
you're	
he's she's it's	
we're you're they're	

⊖ *ich fahre nicht*

I	am	not driving
you *usw.*	are	

I'm	not driving
you're *usw.*	

—	—	driving
you	aren't	
he she it	isn't	
we you they	aren't	

? *fahre ich?*

am	I	driving?
are *usw.*	you	

?⊖ *fahre ich nicht?*

am	I	not driving?
are	you	
is	he	
usw.		

aren't	I	driving?
	you	
isn't	he	
usw.		

Past Continuous

Past von *to be* + Present Participle

⊕ *ich fuhr*

I	**was**	**driving**
you	were	
he she it	was	
we you they	were	

⊖ *ich fuhr nicht*

I	was	not driving
you	were	
usw.		

I	wasn't	driving
you	weren't	
usw.		

? *fuhr ich?*

was	I	driving?
were	you	
usw.		

?⊖ *fuhr ich nicht?*

was	I	not driving?
were	you	
usw.		

wasn't	I	driving?
weren't	you	
usw.		

Present Perfect Continuous

Present Perfect von *to be* + Present Participle

⊕ *ich bin gefahren*

I you	**have**	**been driving**
he she it	has	
we you they	have	

I've you've	been driving
he's she's it's	
we've you've they've	

⊖ *ich bin nicht gefahren*

I you	have	not been driving
he *usw.*	has	

I've you've	not been driving
he's *usw.*	

I you	haven't	been driving
he *usw.*	hasn't	

? *bin ich gefahren?*

have	I you	been driving?
has *usw.*	he	

?⊖ *bin ich nicht gefahren?*

have	I you	not been driving?
has *usw.*	he	

haven't	I you	been driving?
hasn't *usw.*	he	

Past Perfect Continuous

Past Perfect von *to be* + Present Participle

⊕ *ich war gefahren*

I you he she it we you they	**had been driving**

I'd you'd he'd she'd it'd we'd you'd they'd	been driving

⊖ *ich war nicht gefahren*

I	had	not been driving
usw.		

I'd	not been driving
usw.	

I	hadn't	been driving
usw.		

? *war ich gefahren?*

had	I	been driving?
usw.		

?⊖ *war ich nicht gefahren?*

had	I	not been driving?
usw.		

hadn't	I	been driving?
usw.		

Future Continuous

Future von *to be* + Present Participle

⊕ *ich werde fahren*

I	**shall / will**	**be driving**
you he she it	will	
we	shall / will	
you they	will	

I'll	be driving
you'll he'll she'll it'll	
we'll	
you'll they'll	

⊖ *ich werde nicht fahren*

I	shall / will	not be driving
you *usw.*	will	

I'll	not be driving
you'll *usw.*	

I	shan't / won't	be driving
you *usw.*	won't	

? *werde ich fahren?*

shall	I	be driving?
will *usw.*	you	

?⊖ *werde ich nicht fahren?*

shall	I	not be driving?
will *usw.*	you	

shan't	I	be driving?
won't *usw.*	you	

Future Perfect Continuous

Future Perfect von *to be* + Present Participle

⊕ *ich werde gefahren sein*

I	**shall / will**	**have been driving**
you he she it	will	
we you they	shall / will	

I'll	have been driving
you'll he'll she'll it'll	
we'll you'll they'll	

⊖ *ich werde nicht gefahren sein*

I	shall / will	not have been driving
you *usw.*	will	

I'll	not have been driving	
you'll *usw.*		

I	shan't / won't	have been driving
you *usw.*	won't	

? *werde ich gefahren sein?*

shall	I	have been driving?
will *usw.*	you	

? ⊖ *werde ich nicht gefahren sein?*

shall	I	not have been driving?
will *usw.*	you	

shan't	I	have been driving?
won't *usw.*	you	

Present Conditional Continuous — Future in the Past Continuous

Future in the Past von *to be* + Present Participle

⊕ *ich würde fahren*

I	**should / would**	**be driving**
you he she it	would	
we	should / would	
you they	would	

I'd	be driving
you'd he'd she'd it'd	
we'd	
you'd they'd	

⊖ *ich würde nicht fahren*

I	should / would	not be driving
you *usw.*	would	

I'd	not be driving
you'd *usw.*	

I	shouldn't / wouldn't	be driving
you *usw.*	wouldn't	

? *würde ich fahren?*

should	I	be driving?
would *usw.*	you	

?– *würde ich nicht fahren?*

should	I	not be driving?
would *usw.*	you	

shouldn't	I	be driving?
wouldn't *usw.*	you	

Perfect Conditional Continuous — Future Perfect in the Past Continuous

Future Perfect in the Past von *to be* + Present Participle

+ *ich würde gefahren sein = ich wäre gefahren*

I	**should / would**	**have been driving**
you he she it	would	
we	should / would	
you they	would	

I'd	have been driving
you'd he'd she'd it'd	
we'd	
you'd they'd	

– *ich würde nicht gefahren sein =*
ich wäre nicht gefahren

I	should / would	not have been driving
you *usw.*	would	

I'd	not have been driving
you'd *usw.*	

I	shouldn't / wouldn't	have been driving
you *usw.*	wouldn't	

(?) *würde ich gefahren sein? =*
wäre ich gefahren?

should	I	have been driving?
yould *usw.*	you	

(?)(–) *würde ich nicht gefahren sein? =*
wäre ich nicht gefahren?

should	I	not have been driving?
would *usw.*	you	

shouldn't	I	have been driving?
wouldn't *usw.*	you	

b) PASSIVE

Present Continuous

Present von *to be* + Present Participle Passive

⊕ *ich werde gefahren*

I	**am**	**being driven**
you	are	
he she it	is	
we you they	are	

I'm	being driven
you're	
he's she's it's	
we're you're they're	

⊖ *ich werde nicht gefahren*

I	am	not being driven
you *usw.*	are	

I'm	not being driven
you're *usw.*	

—	—	being driven
you	aren't	
he *usw.*	isn't	

? *werde ich gefahren?*

am	I	being driven?
are *usw.*	you	

?⊖ *werde ich nicht gefahren?*

am	I	not being driven?
are *usw.*	you	

aren't	I you	being driven?
isn't *usw.*	he	

Past Continuous

Past von *to be* + Present Participle Passive

⊕ *ich wurde gefahren*

I	**was**	**being driven**
you	were	
he she it	was	
we you they	were	

⊖ *ich wurde nicht gefahren*

I	was	not being driven
you *usw.*	were	

I	wasn't	being driven
you *usw.*	weren't	

? *wurde ich gefahren?*

was	I	being driven?
were *usw.*	you	

?⊖ *wurde ich nicht gefahren?*

was	I	not being driven?
were *usw.*	you	

wasn't	I	being driven?
weren't *usw.*	you	

III. Hilfsverben

1. VOLLSTÄNDIGE HILFSVERBEN

a) TO BE

	Present	Past	Perfect
Infinitive	**to be** *sein*		**to have been** *gewesen sein*
Participle	**being** *seiend*	**been** *gewesen*	**having been** *gewesen seiend*
Gerund	**being** *(das) Sein*		**having been** *(das) Gewesensein*

Imperative	
bejahend	**be** *sei! / seid! / seien Sie!*
betont	**do be** *sei / seid / seien Sie doch!*
verneinend	**do not be** **don't be** *sei / seid / seien Sie nicht!*

Present

⊕ *ich bin*

I	**am** [æm, əm]
you	**are** [ɑ(ː)]
he she it	**is** [iz]
we you they	**are** [ɑ(ː)]

I'm	[aim]
you're	[juə]
he's she's it's	[hiːz] [ʃiːz] [its]
we're you're they're	[wiə] [juə] [ðeiə]

⊖ *ich bin nicht*

I	am	not
you	are	
he *usw.*	is	

I'm	not
you're	
he's *usw.*	

— you	— aren't [ɑːnt]
he she it	isn't ['iznt]
we you they	aren't [ɑːnt]

? *bin ich?*

am	I?
are	you?
is *usw.*	he?

? ⊖ *bin ich nicht?*

am	I	not?
are	you	
is *usw.*	he	

aren't	I? you?
isn't *usw.*	he?

Past

⊕ *ich war*

I	**was** [wɔz, wəz]
you	**were** [wə(ː)]
he she it	**was** [wɔz, wəz]
we you they	**were** [wə(ː)]

⊖ *ich war nicht*

I	was	not
you	were	
he she it	was	
we you they	were	

I	wasn't ['wɔznt]
you	weren't [wəːnt]
he she it	wasn't ['wɔznt]
we you they	weren't [wəːnt]

? *war ich?*

was	I?
were	you?
was *usw.*	he?

? ⊖ *war ich nicht?*

was	I	not?
were	you	
was *usw.*	he	

wasn't	I?
weren't	you?
wasn't *usw.*	he?

Present Perfect

Present von *to have* + Past Participle

⊕ *ich bin gewesen*

I you	**have**	**been**
he she it	has	
we you they	have	

I've you've	been
he's she's it's	
we've you've they've	

⊖ *ich bin nicht gewesen*

I you	have	not been
he she it	has	
we you they	have	

I've you've	not been
he's she's it's	
we've you've they've	

I you	haven't	been
he she it	hasn't	
we you they	haven't	

? *bin ich gewesen?*

have I been?
usw.

?⊖ *bin ich nicht gewesen?*

have I not been?
usw.

haven't I been?
usw.

Past Perfect

Past von *to have* + Past Participle

⊕ *ich war gewesen*

I you he she it we you they	**had been**

I'd you'd he'd she'd it'd we'd you'd they'd	been

⊖ *ich war nicht gewesen*

I had not been *usw.*
I'd not been *usw.*
I hadn't been *usw.*

? *war ich gewesen?*

had I been? *usw.*

?⊖ *war ich nicht gewesen?*

had I not been? *usw.*

hadn't I been? *usw.*

Future

***shall/will* + Infinitive**

⊕ *ich werde sein*

I	**shall/will**	**be**
you he she it	will	
we	shall/will	
you they	will	

I'll	be
you'll he'll she'll it'll	
we'll	
you'll they'll	

⊖ *ich werde nicht sein*

I	shall/will	not be
you *usw.*	will	

I'll	not be
you'll *usw.*	

I	shan't/won't	be
you *usw.*	won't	

? *werde ich sein?*

shall	I	be?
will	you he she it	
shall	we	
will	you they	

?– *werde ich nicht sein?*

shall	I	not be?
will *usw.*	you	

shan't	I	be?
won't *usw.*	you	

Future Perfect

shall / will + Perfect Infinitive

+ *ich werde gewesen sein*

I	**shall / will**	**have been**
you he she it we	will	
we	shall / will	
you they	will	

I'll have been
usw.

– *ich werde nicht gewesen sein*

I	shall / will	not have been
you *usw.*	will	

I'll not have been
usw.

? *werde ich gewesen sein?*

shall	I	have been?
will *usw.*	you	

I	shan't/won't	have been
you *usw.*	won't	

?⊖ *werde ich nicht gewesen sein?*

shall	I	not have been?
will *usw.*	you	

shan't	I	have been?
won't *usw.*	you	

Present Conditional — Future in the Past

should/would + Infinitive

⊕ *ich würde sein = ich wäre*

I	**should/would**	**be**
you he she it	would	
we	should/would	
you they	would	

I'd	be
you'd he'd she'd it'd	
we'd	
you'd they'd	

⊖ *ich würde nicht sein = ich wäre nicht*

I	should/would	not be
you *usw.*	would	

I'd not be *usw.*

I	shouldn't/wouldn't	be
you he she it	wouldn't	
we	shouldn't/wouldn't	
you they	wouldn't	

? *würde ich sein?*
= wäre ich?

should	I	be?
would	you he she it	
should	we	
would	you they	

?– *würde ich nicht sein?*
= wäre ich nicht?

should	I	not be?
would *usw.*	you	

shouldn't	I	be?
wouldn't *usw.*	you	

Perfect Conditional — Future Perfect in the Past

should/would + Perfect Infinitive

+ *ich würde gewesen sein = ich wäre gewesen*

I	**should/would**	**have been**
you he she it	would	
we	should/would	
you they	would	

I'd	have been
you'd he'd she'd it'd	
we'd	
you'd they'd	

– *ich würde nicht gewesen sein*
= ich wäre nicht gewesen

I	should/would	not have been
you *usw.*	would	

I'd not have been
usw.

? *würde ich gewesen sein?*
= wäre ich gewesen?

should	I	have been?
would *usw.*	you	

I	shouldn't/wouldn't	have been
you *usw.*	wouldn't	

?– *würde ich nicht gewesen sein?*
= wäre ich nicht gewesen?

should	I	not have been?
would *usw.*	you	

shouldn't	I	have been?
wouldn't *usw.*	you	

b) TO HAVE

	Present	Past	Perfect
Infinitive	**to have** *haben*		**to have had** *gehabt haben*
Participle	**having** *habend*	**had** *gehabt*	**having had** *gehabt habend*
Gerund	**having** *(das) Haben*		**having had** *(das) Gehabthaben*

Imperative	
bejahend	**have** *habe! / habt! / haben Sie!*
betont	**do have** *habe / habt / haben Sie doch!*
verneinend	**do not have** **don't have** *habe / habt / haben Sie nicht!*

Present

⊕ *ich habe*

I you	**have** [hæv, həv]
he she it	**has** [hæz, həz]
we you they	**have** [hæv, həv]

I've [aiv] you've [juːv]
he's [hiːz] she's [ʃiːz] it's [its]
we've [wiːv] you've [juːv] they've [ðeiv]

⊖ *ich habe nicht*

I you	have	not
he *usw.*	has	

I've you've he's *usw.*	not

I you	haven't ['hævnt]
he she it	hasn't ['hæznt]
we you they	haven't ['hævnt]

? *habe ich?*

have	I? you?
has *usw.*	he?

?⊖ *habe ich nicht?*

have	I you	not?
has *usw.*	he	

haven't	I? you?
hasn't *usw.*	he?

Past

⊕ *ich hatte*

I you he she it we you they	**had** [hæd, həd]

I'd	[aid]
you'd	[juːd]
he'd	[hiːd]
she'd	[ʃiːd]
it	['itəd]
we'd	[wiːd]
you'd	[juːd]
they'd	[ðeid]

⊖ *ich hatte nicht*

I you he she it we you they	had not

I you he she it we you they	hadn't ['hædnt]

? *hatte ich?*

had I?
usw.

?⊖ *hatte ich nicht?*

had I not?
usw.

hadn't I?
usw.

Present Perfect

Present von *to have* + Past Participle

⊕ *ich habe gehabt*

I you	**have**	**had**
he she it	has	
we you they	have	

I've you've	had
he's she's it's	
we've you've they've	

⊖ *ich habe nicht gehabt*

I you	have	not had
he she it	has	
we you they	have	

I've you've	not had
he's she's it's	
we've you've they've	

I you	haven't	had
he she it	hasn't	
we you they	haven't	

? *habe ich gehabt?*

have I had
usw.

?⊖ *habe ich nicht gehabt?*

have I not had?
usw.

haven't I had?
usw.

Past Perfect

Past von *to have* + Past Participle

⊕ *ich hatte gehabt*

I you he she it we you they	**had had**

I'd you'd he'd she'd it'd we'd you'd they'd	had

⊖ *ich hatte nicht gehabt*

I had not had
usw.

I'd not had
usw.

I hadn't had
usw.

? *hatte ich gehabt?*

had I had?
usw.

?⊖ *hatte ich nicht gehabt?*

had I not had?
usw.

hadn't I had?
usw.

Future

shall / will + Infinitive

⊕ *ich werde haben*

I	**shall / will**	**have**
you he she it	will	
we	shall / will	
you they	will	

I'll	have
you'll he'll she'll it'll	
we'll	
you'll they'll	

⊖ *ich werde nicht haben*

I	shall / will	not have
you *usw.*	will	

I'll	not have
you'll *usw.*	

I	shan't / won't	have
you *usw.*	won't	

? *werde ich haben?*

shall	I	have?
will	you he she it	
shall	we	
will	you they	

? ⊖ *werde ich nicht haben?*

shall	I	not have?
will *usw.*	you	

shan't	I	have?
won't *usw.*	you	

Future Perfect

shall / will + Perfect Infinitive

⊕ *ich werde gehabt haben*

I	**shall / will**	**have had**
you he she it	will	
we	shall / will	
you they	will	

I'll	have had
you'll he'll she'll it'll	
we'll	
you'll they'll	

⊖ *ich werde nicht gehabt haben*

I	shall / will	not have had
you	will	
usw.		

I	shan't / won't	have had
you	won't	
usw.		

I'll not have had
usw.

? *werde ich gehabt haben?*

shall	I	have had?
will	you	
usw.		

? ⊖ *werde ich nicht gehabt haben?*

shall	I	not have had?
will	you	
usw.		

shan't	I	have had?
won't	you	
usw.		

Present Conditional — Future in the Past

should/would + Infinitive

⊕ *ich würde haben = ich hätte*

I	**should/would**	**have**
you he she it	would	
we	should/would	
you they	would	

I'd	have
you'd he'd she'd it'd	
we'd	
you'd they'd	

⊖ *ich würde nicht haben = ich hätte nicht*

I	should/would	not have
you *usw.*	would	

I'd not have
usw.

I	shouldn't/wouldn't	have
you he she it	wouldn't	
we	shouldn't/wouldn't	
you they	wouldn't	

? *würde ich haben?*
= hätte ich?

should	I	have?
would	you he she it	
should	we	
would	you they	

?⊖ *würde ich nicht haben?*
= hätte ich nicht?

should	I	not have?
would *usw.*	you	

shouldn't	I	have?
wouldn't *usw.*	you	

Perfect Conditional — Future Perfect in the Past

should / would + Perfect Infinitive

⊕ *ich würde gehabt haben = ich hätte gehabt*

I	**should / would**	**have had**
you he she it	would	
we	should / would	
you they	would	

I'd	have had
you'd he'd she'd it'd	
we'd	
you'd they'd	

⊖ *ich würde nicht gehabt haben*
= ich hätte nicht gehabt

I	should / would	not have had
you *usw.*	would	

I'd not have had
usw.

I	shouldn't / wouldn't	have had
you *usw.*	wouldn't	

? *würde ich gehabt haben?*
= hätte ich gehabt?

should	I	have had?
would *usw.*	you	

?⊖ *würde ich nicht gehabt haben?*
= hätte ich nicht gehabt?

should	I	not have had?
would *usw.*	you	

shouldn't	I	have had?
wouldn't *usw.*	you	

c) TO DO

Als **Hilfsverb** (zur Umschreibung bei Frage und Verneinung mit *not* und zur Hervorhebung) bildet *to do* nur **Present** und **Past.**

Als **Vollverb** (in der Bedeutung „tun", „machen", „erledigen" usw.) bildet *to do* auch **alle** übrigen **Zeiten** wie andere Vollverben.

	Present	Past	Perfect
Infinitive	**to do** *tun*		**to have done** *getan haben*
Participle	**doing** *tuend*	**done** [dʌn] *getan*	**having done** *getan habend*
Gerund	**doing** *(das) Tun*		**having done** *(das) Getanhaben*

Imperative	
bejahend	**do** *tu! / tut! / tun Sie!*
betont	**do do** *tu / tut / tun Sie doch!*
verneinend	**do not do** **don't do** *tu / tut / tun Sie nicht!*

Present

⊕ *ich tue*

I you	**do** [du(:)]
he she it	**does** [dʌz, dəz]
we you they	**do** [du(:)]

⊖ *ich tue nicht*

I you	do	not
he she it	does	
we you they	do	

I you	don't [dəunt]
he she it	doesn't ['dʌznt]
we you they	don't [dəunt]

? *tue ich?*

do	I? you?
does *usw.*	he?

?− *tue ich nicht?*

do	I you	not?
does *usw.*	he	

don't	I? you?
doesn't *usw.*	he?

Past

+ *ich tat*

I you he she it we you they	**did** [did]

− *ich tat nicht*

I did not *usw.*

I didn't ['didnt] *usw.*

? *tat ich?*

did I? *usw.*

?− *tat ich nicht?*

did I not? *usw.*

didn't I? *usw.*

2. UNVOLLSTÄNDIGE HILFSVERBEN

a) CAN — COULD

Grundbedeutung:	**Fähigkeit**	**Möglichkeit**	**Erlaubnis**
Ersatzverben zur Umschreibung der fehlenden Zeitformen	**to be able to** *fähig / in der Lage sein zu (tun), können*	**it is possible to** *es ist möglich zu (tun), man kann*	**to be allowed to, to be permitted to,** *die Erlaubnis haben zu (tun), dürfen*

Present

+ *ich kann*

I you he she it we you they	**can** [kæn, kən]

− *ich kann nicht*

I **cannot** ['kænɔt] *usw.*

I **can't** [kɑːnt] *usw.*

? *kann ich?*

can I? *usw.*

?− *kann ich nicht?*

can I not? *usw.*

can't I? *usw.*

Past

⊕ *ich konnte / könnte*

I you he she it we you they	**could** [kud, kəd]

⊖ *ich konnte / könnte nicht*

I could not *usw.*	I couldn't ['kudnt] *usw.*

? *konnte / könnte ich?*

could I? *usw.*

?⊖ *konnte / könnte ich nicht?*

could I not? *usw.*	couldn't I? *usw.*

b) MAY — MIGHT

Grundbedeutung:	**Erlaubnis**	**Möglichkeit**
Ersatzverben zur Umschreibung der fehlenden Zeitformen	**to be allowed to, to be permitted to** *die Erlaubnis haben zu (tun), dürfen*	**it is possible that** *es ist möglich, daß* . . .; *vielleicht* . . .
Verneinung	**may not, must not** oder Verneinung der entsprechenden Ersatzverben	**cannot**

Present

⊕ *ich darf*

I you he she it we you they	**may** [mei]

⊖ *ich darf nicht*

I may not *usw.*	I mayn't ['meint] *usw.*

? *darf ich?*

may I? *usw.*

?⊖ *darf ich nicht?*

may I not? *usw.*	mayn't I? *usw.*

Past

⊕ *ich durfte / dürfte*

I you he she it we you they	**might** [mait]

⊖ *ich durfte / dürfte nicht*

I might not *usw.*	I mightn't ['maitnt] *usw.*

(?) *durfte / dürfte ich?*

might I? *usw.*

(?)⊖ *durfte / dürfte ich nicht?*

might I not? *usw.*	mightn't I? *usw.*

c) MUST (— MUST)

Grundbedeutung:	**Zwang, Verpflichtung, Notwendigkeit** vom Sprecher ausgehend	von äußeren Umständen ausgehend
	must *muß(t), müßt, müssen* (im Past nur in abhängigen Sätzen)	**to have (got) to** *müssen*
Ersatzverben zur Umschreibung der fehlenden Zeit-formen	**to have (got) to** *müssen* **to be obliged to** *verpflichtet sein zu (tun), müssen* **to be forced / compelled to** *gezwungen sein zu (tun), müssen*	
Verneinung der	**Notwendigkeit** *nicht (zu tun) brauchen*	**Erlaubnis** (= **Verbot**) *nicht (tun) dürfen*
	need not **have not (got) to** **do not have to**	**must not** **to be not to** **to be not allowed / permitted to**

Present

⊕ *ich muß*

I you he she it we you they	**must** [mʌst, məst]

⊖ *ich darf nicht*

I must not *usw.*	I mustn't [ˈmʌsnt] *usw.*

? *muß ich?* ?⊖ *muß ich nicht?*

must I? *usw.*	must I not? *usw.*	mustn't I? *usw.*

Past (nur in abhängigen Sätzen) = **Present**

d) SHALL — SHOULD

Grundbedeutung:	in der **1. Person**		in der **2.** und **3. Person**	
	shall *werde(n)* zur Bildung des **Future**	**should** *würde(n)* **Conditional**	**shall** **Anordnung des Sprechenden:** *soll(st), sollt, sollen*	**should** **Pflicht, Rat:** *sollte(st), solltet, sollten*
Anordnung eines Dritten	**to be to** *sollen*			
Ersatzverb zur Bildung der fehlenden Zeitformen	**to be to** *sollen*			

Present

⊕ *ich werde / soll*

I you he she it we you they	**shall** [ʃæl, ʃəl]

⊖ *ich werde / soll nicht*

I shall not *usw.*	I shan't [ʃɑːnt] *usw.*

? *werde / soll ich?* ?⊖ *werde / soll ich nicht?*

shall I? *usw.*	shall I not? *usw.*	shan't I? *usw.*

Past

⊕ *ich würde / sollte*

I you he she it we you they	**should** [ʃud, ʃəd]

⊖ *ich würde / sollte nicht*

I should not *usw.*	I shouldn't [ˈʃudnt] *usw.*

? *würde / sollte ich?*

should I? *usw.*

? ⊖ *würde / sollte ich nicht?*

should I not? *usw.*	shouldn't I? *usw.*

e) WILL — WOULD

Grundbedeutung:	**will** *werde(n)* zur Bildung des **Future**	**would** *würde(n)* **Conditional**	**Wille, Absicht** *will(st), wollt, wollen*
	allgemeine Wahrheit *(es ist immer so)*	**Gewohnheit** *zu (tun) pflegen, (etwas) immer (tun)*	
Ersatzverben zum Ausdruck des Willens, der Absicht	**to wish / want to** *wünschen zu (tun)*, **to like to** *gern (tun) mögen*, **to intend to** *beabsichtigen zu (tun)*, **to be willing to** *bereit sein zu (tun)*		

Present

⊕ *ich werde / will*

I you he she it we you they	**will** [wil]	I'll [ail] you'll [juːl] he'll [hiːl] she'll [ʃiːl] it'll [ˈitl] we'll [wiːl] you'll [juːl] they'll [ðeil]

⊖ *ich werde / will nicht*

I will not *usw.*	I'll not *usw.*	I won't [wəunt] *usw.*

? *werde / will ich?*

will I? *usw.*

? ⊖ *werde / will ich nicht?*

will I not? *usw.*	won't I? *usw.*

Past

⊕ *ich würde / wollte*

I you he she it we you they	**would** [wud, wəd]

I'd	[aid]
you'd	[ju:d]
he'd	[hi:d]
she'd	[ʃi:d]
it'd	[ˈit:d]
we'd	[wi:d]
you'd	[ju:d]
they'd	[ðeid]

⊖ *ich würde / wollte nicht*

I would not *usw.*	I'd not *usw.*	I wouldn't [ˈwudnt] *usw.*

? *würde / wollte ich?*

would I? *usw.*

?⊖ *würde / wollte ich nicht?*

would I not? *usw.*	wouldn't I? *usw.*

f) TO NEED — NEEDED

	Bedeutung	Formen, Gebrauch
Vollverb	*benötigen*	wie regelmäßiges Vollverb
Hilfsverb	*zu (tun) brauchen*	wie unvollständiges Hilfsverb

g) TO DARE — DARED

	Bedeutung	Formen, Gebrauch
Vollverb	*zu (tun) wagen*	wie regelmäßiges Vollverb
Hilfsverb		wie unvollständiges Hilfsverb

h) USED TO

Bedeutung	**Gewohnheit** in der Vergangenheit
Formen	**I used to smoke** *(früher) rauchte ich = war ich Raucher*
Gebrauch	nur Past

Past

⊕ *ich hatte die Gewohnheit zu . . .*

I **used to** ['ju:stə] *usw.*

⊖ *ich hatte nicht die Gewohnheit zu . . .*

I used not to *usw.*	I usedn't to *usw.*
I didn't use to *usw.*	

? *hatte ich die Gewohnheit zu . . . ?*

used I to? *usw.*	did I use to? *usw.*

?⊖ *hatte ich nicht die Gewohnheit zu . . . ?*

usedn't I to? *usw.*	didn't I use to? *usw.*

i) OUGHT TO

Grundbedeutung	**sittliche Verpflichtung** *ich sollte (eigentlich)* (auf Gegenwart oder Zukunft bezogen)

⊕ *ich sollte (eigentlich)*

I **ought to** ['ɔ:tə] *usw.*

⊖ *ich sollte (eigentlich) nicht*

I ought not to *usw.*	I oughtn't to ['ɔ:tnt] *usw.*

? *sollte ich (eigentlich)?*

ought I to? *usw.*

?⊖ *sollte ich (eigentlich) nicht?*

ought I not to? *usw.*	oughtn't I to? *usw.*

IV. Listen unregelmäßiger Verben

1. ÜBERSICHT ÜBER DIE STAMMFORMEN

Mit Stern (*) gekennzeichnete Formen können auch durch die regelmäßig gebildete Form auf *-ed* ersetzt werden.

INFINITIVE	PAST	PAST PARTICIPLE	
abide [ai]	abode* [əu]	abode* [əu]	*bleiben*
arise [ai]	arose [əu]	arisen [i]	*sich erheben*
awake [ei]	awoke [əu]	awoke* [əu]	*erwachen*
be [i(ː)]	was [ɔ, ə], were [ə(ː)]	been [i(ː)]	*sein*
bear [ɛə]	bore [ɔː]	borne [ɔː] born [ɔː]	*(er)tragen;* *geboren*
beat [iː]	beat [iː]	beaten [iː]	*schlagen*
become [ʌ]	became [ei]	become [ʌ]	*werden*
beget [e]	begot [ɔ]	begotten [ɔ]	*zeugen*
begin [i]	began [æ]	begun [ʌ]	*anfangen*
bend [e]	bent [e]	bent [e]	*beugen*
bereave [iː]	bereft* [e]	bereft* [e]	*berauben*
beseech [iː]	besought [ɔː]	besought [ɔː]	*ersuchen*
bet [e]	bet* [e]	bet* [e]	*wetten*
bid [i]	bade [ei], bid [i]	bidden [i] bid [i]	*befehlen* *bieten*
bide [ai]	bode* [əu]	bided [ai]	*abwarten*
bind [ai]	bound [au]	bound [au]	*binden*
bite [ai]	bit [i]	bitten [i]	*beißen*
bleed [iː]	bled [e]	bled [e]	*bluten*
blend [e]	blent* [e]	blent* [e]	*(sich) (ver)mischen*
blow [əu]	blew [uː]	blown [əu]	*blasen; blühen*
break [ei]	broke [əu]	broken [əu]	*brechen*
breed [iː]	bred [e]	bred [e]	*aufziehen*
bring [i]	brought [ɔː]	brought [ɔː]	*bringen*
build [i]	built [i]	built [i]	*bauen*
burn [əː]	burnt* [əː]	burnt* [əː]	*brennen*
burst [əː]	burst [əː]	burst [əː]	*bersten*
buy [ai]	bought [ɔː]	bought [ɔː]	*kaufen*
cast [ɑː]	cast [ɑː]	cast [ɑː]	*werfen*
catch [æ]	caught [ɔː]	caught [ɔː]	*fangen*
chide [ai]	chid* [i]	chid(den)* [i]	*schelten*
choose [uː]	chose [əu]	chosen [əu]	*wählen*
cleave [iː]	cleft [e], clove* [əu]	cleft [e], cloven* [əu]	*(sich) spalten*
cling [i]	clung [ʌ]	clung [ʌ]	*sich (an)klammern*
come [ʌ]	came [ei]	come [ʌ]	*kommen*
cost [ɔ]	cost [ɔ]	cost [ɔ]	*kosten*

INFINITIVE	PAST	PAST PARTICIPLE	
creep [iː]	crept [e]	crept [e]	*kriechen*
cut [ʌ]	cut [ʌ]	cut [ʌ]	*schneiden*
deal [iː]	dealt [e]	dealt [e]	*handeln*
dig [i]	dug [ʌ]	dug [ʌ]	*graben*
do [u(ː)]	did [i]	done [ʌ]	*tun*
draw [ɔː]	drew [uː]	drawn [ɔː]	*ziehen; zeichnen*
dream [iː]	dreamt* [e]	dreamt* [e]	*träumen*
drink [i]	drank [æ]	drunk [ʌ]	*trinken*
drive [ai]	drove [əu]	driven [i]	*treiben; fahren*
dwell [e]	dwelt [e]	dwelt [e]	*wohnen*
eat [iː]	ate [e]	eaten [iː]	*essen*
fall [ɔː]	fell [e]	fallen [ɔː]	*fallen*
feed [iː]	fed [e]	fed [e]	*füttern*
feel [iː]	felt [e]	felt [e]	*fühlen*
fight [ai]	fought [ɔː]	fought [ɔː]	*kämpfen*
find [ai]	found [au]	found [au]	*finden*
flee [iː]	fled [e]	fled [e]	*fliehen*
fling [i]	flung [ʌ]	flung [ʌ]	*schleudern*
fly [ai]	flew [uː]	flown [əu]	*fliegen*
forbid [i]	forbade [ei]	forbidden [i]	*verbieten*
forecast [ɑː]	forecast* [ɑː]	forecast*[ɑː]	*voraussagen*
forget [e]	forgot [ɔ]	forgotten [ɔ]	*vergessen*
forsake [ei]	forsook [u]	forsaken [ei]	*aufgeben; verlassen*
freeze [iː]	froze [əu]	frozen [əu]	*(ge)frieren*
get [e]	got [ɔ]	got [ɔ], *Am.* gotten [ɔ]	*bekommen*
gild [i]	gilt* [i]	gilt* [i]	*vergolden*
gird [əː]	girt* [əː]	girt* [əː]	*(um)gürten*
give [i]	gave [ei]	given [i]	*geben*
go [əu]	went [e]	gone [ɔ]	*gehen*
grave [ei]	graved [ei]	graven* [ei]	*(ein)graben*
grind [ai]	ground [au]	ground [au]	*mahlen*
grow [əu]	grew [uː]	grown [əu]	*wachsen; anbauen*
hang [æ]	hung* [ʌ]	hung* [ʌ]	*(auf)hängen*
have [æ, ə]	had [æ, ə]	had [æ, ə]	*haben*
hear [iə]	heard [əː]	heard [əː]	*hören*
hew [uː]	hewed [uː]	hewn* [uː]	*hauen, hacken*
hide [ai]	hid [i]	hid(den) [i]	*(sich) verstecken*
hit [i]	hit [i]	hit [i]	*treffen; schlagen*
hold [əu]	held [e]	held [e]	*halten*
hurt [əː]	hurt [əː]	hurt [əː]	*verletzen*
keep [iː]	kept [e]	kept [e]	*(be)halten; aufbewahren*
kneel [iː]	knelt* [e]	knelt* [e]	*knien*

INFINITIVE	PAST	PAST PARTICIPLE	
knit [i]	knit* [i]	knit* [i]	*stricken*
know [əu]	knew [u:]	known [əu]	*wissen, kennen*
lay [ei]	laid [ei]	laid [ei]	*legen*
lead [i:]	led [e]	led [e]	*führen, leiten*
lean [i:]	leant* [e]	leant* [e]	*(sich) (an)lehnen*
leap [i:]	leapt* [e]	leapt* [e]	*(über)springen*
learn [ə:]	learnt* [ə:]	learnt* [ə:]	*lernen; erfahren*
leave [i:]	left [e]	left [e]	*(ver)lassen*
lend [e]	lent [e]	lent [e]	*leihen*
let [e]	let [e]	let [e]	*lassen*
lie [ai]	lay [ei]	lain [ei]	*liegen*
light [ai]	lit* [i]	lit* [i]	*anzünden, erleuchten*
lose [u:]	lost [ɔ]	lost [ɔ]	*verlieren*
make [ei]	made [ei]	made [ei]	*machen*
mean [i:]	meant [e]	meant [e]	*meinen; bedeuten*
meet [i:]	met [e]	met [e]	*begegnen, treffen*
mow [əu]	mowed [əu]	mown* [əu]	*mähen*
pay [ei]	paid [ei]	paid [ei]	*(be)zahlen*
put [u]	put [u]	put [u]	*legen, stellen, setzen*
read [i:]	read [e]	read [e]	*lesen*
rend [e]	rent [e]	rent [e]	*(zer)reißen*
rid [i]	rid* [i]	rid [i]	*frei machen, befreien*
ride [ai]	rode [əu]	ridden [i]	*reiten*
ring [i]	rang [æ]	rung [ʌ]	*läuten*
rise [ai]	rose [əu]	risen [i]	*aufstehen; aufgehen (von Gestirnen)*
rive [ai]	rived [ai]	riven* [i]	*(sich) spalten*
run [ʌ]	ran [æ]	run [ʌ]	*laufen, rennen*
saw [ɔ:]	sawed [ɔ:]	sawn* [ɔ:]	*sägen*
say [ei]	said [e]	said [e]	*sagen*
see [i:]	saw [ɔ:]	seen [i:]	*sehen*
seek [i:]	sought [ɔ:]	sought [ɔ:]	*suchen*
sell [e]	sold [əu]	sold [əu]	*verkaufen*
send [e]	sent [e]	sent [e]	*senden, schicken*
set [e]	set [e]	set [e]	*setzen, stellen*
sew [əu]	sewed [əu]	sewn* [əu]	*nähen*
shake [ei]	shook [u]	shaken [ei]	*schütteln*
shear [iə]	sheared [iə]	shorn* [ɔ:]	*scheren*
shed [e]	shed [e]	shed [e]	*vergießen*
shine [ai]	shone [ɔ]	shone [ɔ]	*scheinen, glänzen*
shoe [u:]	shod [ɔ]	shod [ɔ]	*beschuhen*
shoot [u:]	shot [ɔ]	shot [ɔ]	*schießen*
show [əu]	showed [əu]	shown [əu]	*zeigen*

INFINITIVE	PAST	PAST PARTICIPLE	
shred [e]	shred* [e]	shred* [e]	*(zer)schnitzeln, zerfetzen*
shrink [i]	shrank [æ]	shrunk [ʌ]	*einschrumpfen*
shut [ʌ]	shut [ʌ]	shut [ʌ]	*schließen*
sing [i]	sang [æ]	sung [ʌ]	*singen*
sink [i]	sank [æ]	sunk [ʌ]	*sinken*
sit [i]	sat [æ]	sat [æ]	*sitzen*
slay [ei]	slew [uː]	slain [ei]	*erschlagen*
sleep [iː]	slept [e]	slept [e]	*schlafen*
slide [ai]	slid [i]	slid [i]	*gleiten*
sling [i]	slung [ʌ]	slung [ʌ]	*schleudern*
slink [i]	slunk [ʌ]	slunk [ʌ]	*schleichen*
slit [i]	slit [i]	slit [i]	*schlitzen*
smell [e]	smelt* [e]	smelt* [e]	*riechen*
smite [ai]	smote [əu]	smitten [i], smote [əu]	*schlagen*
sow [əu]	sowed [əu]	sown* [əu]	*(aus)säen*
speak [iː]	spoke [əu]	spoken [əu]	*sprechen*
speed [iː]	sped* [e]	sped* [e]	*eilen*
spell [e]	spelt* [e]	spelt* [e]	*buchstabieren*
spend [e]	spent [e]	spent [e]	*ausgeben*
spill [i]	spilt* [i]	spilt* [i]	*verschütten*
spin [i]	spun [ʌ], span [æ]	spun [ʌ]	*spinnen*
spit [i]	spat [æ]	spat [æ]	*spucken*
split [i]	split [i]	split [i]	*spalten*
spoil [ɔi]	spoilt* [ɔi]	spoilt* [ɔi]	*verderben*
spread [e]	spread [e]	spread [e]	*verbreiten*
spring [i]	sprang [æ]	sprung [ʌ]	*springen*
stand [æ]	stood [u]	stood [u]	*stehen*
steal [iː]	stole [əu]	stolen [əu]	*stehlen*
stick [i]	stuck [ʌ]	stuck [ʌ]	*stecken*
sting [i]	stung [ʌ]	stung [ʌ]	*stechen*
stink [i]	stank [æ]	stunk [ʌ]	*stinken*
strew [uː]	strewed [uː]	strewn* [uː]	*(be)streuen*
stride [ai]	strode [əu]	stridden [i]	*über-, durchschreiten*
strike [ai]	struck [ʌ]	struck [ʌ]	*schlagen*
string [i]	strung [ʌ]	strung [ʌ]	*spannen*
strive [ai]	strove [əu]	striven [i]	*streben*
swear [ɛə]	swore [ɔː]	sworn [ɔː]	*schwören*
sweat [e]	sweat* [e]	sweat* [e]	*schwitzen*
sweep [iː]	swept [e]	swept [e]	*fegen*
swell [e]	swelled [e]	swollen [əu]	*(an)schwellen*
swim [i]	swam [æ]	swum [ʌ]	*schwimmen*
swing [i]	swung [ʌ]	swung [ʌ]	*schwingen*
take [ei]	took [u]	taken [ei]	*nehmen*
teach [iː]	taught [ɔː]	taught [ɔː]	*lehren*
tear [ɛə]	tore [ɔː]	torn [ɔː]	*ziehen*
tell [e]	told [əu]	told [əu]	*sagen*

INFINITIVE	PAST	PAST PARTICIPLE	
think [i]	thought [ɔː]	thought [ɔː]	*denken*
thrive [ai]	throve* [əu]	thriven* [i]	*gedeihen*
throw [əu]	threw [uː]	thrown [əu]	*werfen*
thrust [ʌ]	thrust [ʌ]	thrust [ʌ]	*stoßen*
tread [e]	trod [ɔ]	trod(den) [ɔ]	*treten*
wake [ei]	woke* [əu]	woke(n)* [əu]	*wachen*
wear [εə]	wore [ɔː]	worn [ɔː]	*(Kleider) tragen*
weave [iː]	wove [əu]	woven [əu]	*weben*
weep [iː]	wept [e]	wept [e]	*weinen*
wet [e]	wet* [e]	wet* [e]	*nässen*
win [i]	won [ʌ]	won [ʌ]	*gewinnen*
wind [ai]	wound [au]	wound [au]	*winden*
wring [i]	wrung [ʌ]	wrung [ʌ]	*(aus)wringen*
write [ai]	wrote [əu]	written [i]	*schreiben*

2. ALPHABETISCHE LISTE DER EINZELNEN STAMMFORMEN

abide
abode *s.* abide
arise
arisen *s.* arise
arose *s.* arise
ate *s.* eat
awake
awoke *s.* awake

bade *s.* bid
be
bear
beat
beaten *s.* beat
became *s.* become
become
been *s.* be
began *s.* begin
beget
begin
begot *s.* beget
begotten *s.* beget
begun *s.* begin
bend
bent *s.* bend
bereave
bereft *s.* bereave
beseech
besought *s.* beseech
bet
bid
bide
bind
bit *s.* bite
bite
bitten *s.* bite
bled *s.* bleed
bleed
blend
blent *s.* blend
blew *s.* blow
blow
blown *s.* blow
bode *s.* bide
bore *s.* bear
born *s.* bear
borne *s.* bear
bought *s.* buy
bound *s.* bind
break
bred *s.* breed
breed
bring
broke *s.* break
broken *s.* break
brought *s.* bring
build
built *s.* build
burn
burnt *s.* burn
burst
buy

came *s.* come
cast
catch
caught *s.* catch
chid *s.* chide
chidden *s.* chide
chide
choose
chose *s.* choose
chosen *s.* choose
cleave
cleft *s.* cleave
cling
clove *s.* cleave
cloven *s.* cleave
clung *s.* cling
come
cost
creep
crept *s.* creep
cut
deal
dealt *s.* deal
did *s.* do
dig
do
done *s.* do
drank *s.* drink
draw
drawn *s.* draw
dream
dreamt *s.* dream
drew *s.* draw
drink
drive
driven *s.* drive
drove *s.* drive
drunk *s.* drink
dug *s.* dig
dwell
dwelt *s.* dwell

spent *s.* spend
spill
spilt *s.* spill
spin
spit
split
spoil
spoilt *s.* spoil
spoke *s.* speak
spoken *s.* speak
sprang *s.* spring
spread
spring
sprung *s.* spring
spun *s.* spin
stand
stank *s.* stink
steal
stick
sting
stink
stole *s.* steal
stolen *s.* steal
stood *s.* stand
strew
strewn *s.* strew
stridden *s.* stride
stride
strike
string
strive
striven *s.* strive
strode *s.* stride
strove *s.* strive
struck *s.* strike
strung *s.* string
stuck *s.* stick
stung *s.* sting
stunk *s.* stink
sung *s.* sing
sunk *s.* sink
swam *s.* swim
swear
sweat
sweep
swell
swept *s.* sweep
swim
swing
swollen *s.* swell
swore *s.* swear
sworn *s.* swear
swum *s.* swim
swung *s.* swing

take
taken *s.* take
taught *s.* teach
teach
tear
tell
think
thought *s.* think
threw *s.* throw
thrive
thriven *s.* thrive
throve *s.* thrive
throw
thrown *s.* throw
thrust
told *s.* tell
took *s.* take
tore *s.* tear
torn *s.* tear
tread
trod *s.* tread
trodden *s.* tread

wake
was *s.* be
wear
weave
weep
went *s.* go
wept *s.* weep
were *s.* be
wet
win
wind
woke *s.* wake
woken *s.* wake
won *s.* win
wore *s.* wear
worn *s.* wear
wound *s.* wind
wove *s.* weave
woven *s.* weave
wring
write
written *s.* write
wrote *s.* write
wrung *s.* wring